Comparar y contrastar

Para **comparar y contrastar** dos personas o cosas, piensas: ¿en qué se parecen? Además piensas: ¿en qué se diferencian?

¿Dónde vives?

Lada J. Kratky
Ilustraciones de Pablo De Bella

Aquí es donde vivo yo.

Aquí es donde vivo yo.

Aquí es donde vivo yo.

Aquí es donde vivo yo.

Aquí es donde vivo yo.

Aquí es donde vivo yo.

Aquí es donde vivo yo.

¿Dónde vives tú?

¿Dónde vives?
ISBN: 978-1-68292-524-9

© Del texto: 2017, Lada Josefa Kratky
© De esta edición:
2020, Vista Higher Learning, Inc.
500 Boylston Street, Suite 620.
Boston, MA 02116-3736
www.vistahigherlearning.com

Dirección editorial: Isabel C. Mendoza
Edición: Ana I. Antón
Dirección de arte y producción: Jacqueline Rivera
Ilustrador: Pablo De Bella
Montaje: Gráfika LLC

Imágenes: Cubierta: KIKILOMBO / iStock; pág. 5: Glow Images / Getty Images; pág. 6: vovashevchuk / iStock; pág. 7: Ditto / Getty Images; pág. 8: itpow / iStock; pág. 9: loca4motion / iStock; pág. 10: loca4motion / iStock; pág. 11: Shikha a / Shutterstock; págs. 14-15: trabantos / Shutterstock

Todos los derechos reservados.
Esta publicación no puede ser reproducida, ni en todo ni en parte, ni registrada en o transmitida por un sistema de recuperación de información, en ninguna forma ni por ningún medio, sea mecánico, fotoquímico, electrónico, magnético, electroóptico, por fotocopia o cualquier otro, sin el permiso previo, por escrito, de la editorial.

Published in the United States of America

3 4 5 6 7 8 9 GP 25 24 23 22

Aquí acaba este libro
escrito, ilustrado, diseñado, editado, impreso
por personas que aman los libros.
Aquí acaba este libro que tú has leído,
el libro que ya eres.